I0821512

Árboles

Julie Murray

Abdo Kids Junior es una
subdivisión de Abdo Kids
abdobooks.com

Abdo
CASAS DE ANIMALES
Kids

abdobooks.com

Published by Abdo Kids, a division of ABDO, P.O. Box 398166, Minneapolis, Minnesota 55439.

Printed in the United States of America, North Mankato, Minnesota.

102019

012020

Spanish Translator: Maria Puchol

Photo Credits: Alamy, iStock, Shutterstock

Production Contributors: Teddy Borth, Jennie Forsberg, Grace Hansen

Design Contributors: Christina Doffing, Candice Keimig, Dorothy Toth

Library of Congress Control Number: 2019944032

Publisher's Cataloging-in-Publication Data

Names: Murray, Julie, author.

Title: Árboles/ by Julie Murray.

Other title: Trees. Spanish

Description: Minneapolis, Minnesota: Abdo Kids, 2020. | Series: Casas de animales | Includes online resources and index.

Identifiers: ISBN 9781098200640 (lib.bdg.) | ISBN 9781644943724 (pbk.) | ISBN 9781098201623 (ebook)

Subjects: LCSH: Animal housing--Juvenile literature. | Tree-dwellings--Juvenile literature. | Woodlands--Juvenile literature. | Animals--Habitations--Juvenile literature. | Spanish language materials--Juvenile literature.

Classification: DDC 591.564--dc23

Contenido

Árboles

Muchos tipos de animales viven en árboles.

Las aves hacen sus nidos en los árboles. Es ahí donde ponen los huevos.

Las ardillas viven en los árboles. **Recogen** nueces para el invierno.

Algunos búhos viven en los árboles. Duermen todo el día y cazan por la noche.

Las abejas de la miel viven en los árboles. Su colmena cuelga de una **rama**.

Algunas ranas viven en los árboles. ¡Una rana arbórea puede saltar 7 pies (2.1 m)!

Algunos monos viven en los árboles. Los monos aulladores descansan en lo alto del árbol.

Los koalas viven en **árboles de eucalipto**. Solamente se alimentan de las hojas de este árbol.

¿A quién has visto viviendo en un árbol?

¿Quién vive en árboles?

canguros arborícolas

monos araña

petirrojos

pitón arborícola verde

Glosario

árbol de eucalipto
tipo de árbol alto y de hoja perenne originario de Australia.

rama
parte de un árbol que nace del tronco.

recoger
reunir, juntar.

Índice

¡Visita nuestra página **abdokids.com** y usa este código para tener acceso a juegos, manualidades, videos y mucho más!